LA
DAME DU LAC,

La Partition de M. Rossini, arrangée pour la scène française par M. Lemière, se trouve, ainsi que les Airs gravés séparément, chez M. Lafillé, galerie Vivienne.

On trouve chez Hautecœur-Martinet les principaux costumes de la pièce.

PARIS. — IMPRIMERIE DE FAIN; RUE RACINE, N°. 41 PLACE DE L'ODÉON.

Mme Moontano,
rôle de Malcolm,
dans la Dame du lac.

LA
DAME DU LAC,

OPÉRA HÉROÏQUE EN QUATRE ACTES.

PAR

MM. D'ÉPAGNY ET Auguste ROUSSEAU.

MUSIQUE DE M. ROSSINI,

ARRANGÉE POUR LA SCÈNE FRANÇAISE PAR M. LEMIÈRE DE CORVEY.

REPRÉSENTÉ POUR LA PREMIÈRE FOIS, A PARIS, SUR LE
THÉATRE ROYAL DE L'ODÉON, LE LUNDI 31 OCTOBRE 1825.

PARIS.

HAUTECOEUR-MARTINET, LIBRAIRE,

RUE DU COQ-SAINT-HONORÉ, Nᵒˢ. 13 ET 15.

1825.

PERSONNAGES.

JACQUES II, roi d'Écosse, sous le nom d'Ethelbert. . . . . M. *Lecomte.*

DOUGLAS, seigneur exilé de la cour et du parti des rebelles. . . . . . } M. *Margaillan.* / M. *Bernard.*

ÉLÉNA, fille de Douglas, Dame du Lac. . . . . Mlle. *Lemoule.*

MALCOLM, chef d'un des principaux clans des montagnes, et des révoltés pour la cause de Douglas *. . . . . Mme. *Montano.*

GRÉGOR, frère de Malcolm. . . . . M. *Cœuriot.*

FREEMORE, vieux seigneur, favori d'Ethelbert. . . . . M. *Bultel.*

MERTOWN, capitaine des gardes du roi. M. *Vincent.*

ARTHUR, écuyer de Malcolm. . . . M. *Frédéric.*

ROBERT, autre chef des montagnards du même clan. . . . . M. *Tanquerelle.*

ANNA, jeune fille, suivante d'Éléna. Mlle. *Dorgebray.*

OSCAR, chef des bardes montagnards. M. *Rihoelle.*

BARDES.

MONTAGNARDS DU CLAN DE MALCOLM.

SOLDATS DU ROI.

OFFICIERS, CHASSEURS, PAGES DE SA SUITE.

Le premier acte se passe sur les bords du lac Katrinn; le second au château de Malcolm; le troisième dans les montagnes voisines; et le quatrième au milieu du camp de Jacques II.

* Ce rôle a été créé à l'Odéon par Madame Montano, dont la superbe voix de contralto pouvait convenir à ce personnage; mais c'est une exception.

Partout ailleurs, ce rôle doit être nécessairement joué par un homme ayant la voix de *concordant.* Voir à ce sujet la note placée dans la partition.

LA DAME DU LAC,

OPÉRA.

~~~~~~

ACTE PREMIER.

Un site sauvage; un lac bordé par une chaîne de rochers.
Sur l'autre rive, le château de Malcolm. Au lever du
rideau, les premiers feux du jour commencent à colorer
l'horizon. Des chasseurs écossais, de la suite du roi, groupés diversement sur les rochers et au bord du lac, regardent de tous côtés d'un air inquiet.

SCÈNE PREMIÈRE.

FREEMORE, MERTOWN, tous deux en costume de
chasseurs; CHASSEURS ET PAGES DE LA SUITE DU ROI.

CHOEUR.

Des feux de l'aurore,
Le ciel se colore,
Et notre prince, encore
Errant et sans secours,
Expose ses jours.
De son audace
Soyons l'appui.
Suivons sa trace,
Veillons sur lui.

FREEMORE.

Lorsque sur la bruyère aride
Nous suivons son pas incertain,
Peut-être, d'un trait homicide,
Le montagnard inhumain
Menace son sein.

CHOEUR.

Ciel ! sois son guide,
Son guide et son appui,
Ah ! détourne de lui
Le trait perfide ;
Et pour prix du secours
Qu'ici j'implore,
S'il le faut encore,
Je t'offre mes jours !
Ciel, sois son guide,
etc., etc., etc,

Conduis ses pas errans,
Sois-nous prospère,
Ciel, rends un père
A ses enfans.

(Après le chœur les chasseurs se disposent à sortir par différens côtés.)

FREEMORE.

Mes amis, avant de vous disperser dans les sentiers de la forêt pour retrouver notre cher prince, écoutez-moi tous : (*Les chasseurs entourent Freemore.*) N'oubliez pas que, dans ses courses secrètes, le roi se fait appeler Éthelbert; si vous le désigniez sous son nom véritable, vous l'exposeriez à être reconnu par les montagnards rebelles, et ce serait compromettre sa vie.

(Les chasseurs font un signe de crainte.)

NERTOWN, à Freemore.

Combien le roi nous cause d'alarmes !... Toujours

des entreprises téméraires! hier encore, se déguiser, pénétrer seul au milieu des clans révoltés!

FREEMORE.

Il a quelque dessein secret : son courage, sa prudence doivent nous rassurer; d'ailleurs le costume de montagnard dont il est revêtu écarte tous les soupçons.

MERTOWN.

Soit : mais il devrait être de retour, et la nuit s'est écoulée toute entière. Je frémis.

CHANT.

FREEMORE.

Sous le feuillage,
Amis, dispersons-nous;
Vers ce rivage
Fixons le rendez-vous.

(*Les chasseurs s'éloignent en répétant.*)

CHOEUR.

Sous le feuillage,
Amis, etc, etc.
Appelons notre maître :
Ethelbert !... Ethelbert !... reviens, tu l'as promis;
Pourrais-tu méconnaître
La voix de tes amis !

SCÈNE II.

LE ROI, sous le nom d'ETHELBERT, FREEMORE.

(Au moment où tous les chasseurs sont près de disparaître, Ethelbert arrive en se glissant à travers les rochers, de manière à n'être pas vu de sa suite, dont il attend la sortie.)

ETHELBERT, à demi-voix.

Freemore! Freemore!

FREEMORE, s'arrêtant.

(*A part.*) Quelle voix!... je n'en puis douter, c'est lui. Ah! sire! je vous revois. Je cours rappeler votre suite! quel bonheur!

ETHELBERT, l'arrêtant vivement.

Non, tais-toi, Freemore. Laisse nos chasseurs s'éloigner. (*Avec bonté.*) Leur inquiétude me flatte; il est si doux d'être aimé!... Mais les projets que je médite me défendent d'admettre tant de monde dans ma confidence. — Crois-tu que ce costume me déguise assez?

FREEMORE.

Oui, sire.

ETHELBERT, l'interrompant, et à demi-voix.

Éthelbert, donc. — Je ne pense pas que le roi d'Écosse puisse être reconnu (*tendant la main à Freemore*), si ce n'est par les yeux de l'amitié.

FREEMORE.

Les yeux de la haine sont aussi clairvoyans.

(*Plus bas.*) Vous pourriez être découvert par quelques-uns des seigneurs mécontens, partis de votre
cour pour rejoindre les rebelles; le comte de Douglas, surtout; n'est-il pas votre plus mortel ennemi?..
On dit qu'il est retranché dans ces montagnes.

ETHELBERT.

Sa haine est fondée. Tu sais quelle injustice le
détermina à se réunir à nos ennemis?

FREEMORE.

J'ai seulement entendu parler d'un tournoi où le
comte ôsa combattre le roi votre père.

ETHELBERT.

Oui ; moins courtisan que les autres chevaliers,
Douglas ne voulut pas céder la victoire à son prince;
mon père ne put contenir son ressentiment, il exila
l'audacieux et l'on ne décerna point le prix : c'était
une bague. La voilà ! (*Il montre un riche anneau qu'il*
porte au doigt.) Je la porte toujours. Sa vue me rap-
pelle sans cesse les malheurs qui suivirent la révolte de
Douglas, et de quelle importance il est pour un souverain de savoir modérer ses passions !

FREEMORE.

J'ignorais ces détails : mais suffisent-ils pour excu-
ser la révolte d'un sujet!

ETHELBERT.

Ah! qu'il serait heureux pour moi d'enlever aux
montagnards ce chef redoutable, en le ramenant à
ma cour, et de terminer cette guerre sans effusion
de sang !

FREEMORE.

Ces intentions généreuses sont dignes de vous, mon prince; mais quel est le but de ce déguisement et de cette excursion secrète dont la chasse n'est que le prétexte?

ÉTHELBERT.

Elle a pour objet de découvrir quel est le chef de clan qui donne un asile à Douglas, et, si malheureusement il faut combattre, de juger par moi-même quelles forces les montagnards peuvent nous opposer.

(On entend dans le lointain un son de cor répété par l'écho.)

FREEMORE.

Ce sont nos chasseurs qui vous cherchent toujours.

ÉTHELBERT.

Tu vas bientôt les rejoindre...; mais rends-moi compte auparavant de la mission dont je t'ai chargé... As-tu découvert enfin quelle est cette jeune fille dont on fait tant de récits merveilleux dans le pays, dont personne ne connaît le nom ni la demeure, et qui traverse quelquefois le lac sur une barque légère.

FREEMORE.

Aucun habitant n'a pu me donner des détails positifs sur elle. Quelques pauvres pêcheurs de ces rivages la connaissent seulement par ses bienfaits; elle ne paraît jamais sur le lac que quand un danger pressant menace le parti des montagnards; aussi sa présence est toujours regardée comme l'annonce d'un événement extraordinaire; les habitans la nomment la Dame du Lac : voilà tout ce que j'ai appris.

ÉTHELBERT.

Il faut à tout prix que je lui parle.

FREEMORE.

Ethelbert serait-il par hasard épris de cette belle
Écossaise?... et cette expédition aventureuse,...

ETHELBERT.

Tu es dans l'erreur, mon cher Freemore : au milieu des troubles de la guerre civile, je suis loin de
penser à courir les aventures amoureuses.... Mon
seul but est de pénétrer, si je le puis, les plans
de nos ennemis. Tout me fait croire que cette
jeune fille doit les connaître (*Plus bas.*) Tu le sais, les
rebelles sont toujours prévenus à temps de la marche
de nos troupes, et parviennent à nous échapper;
cette Écossaise doit avoir des émissaires jusque parmi nous. Sa beauté, ses bienfaits, cette existence
mystérieuse lui donnent un grand empire sur l'esprit
des habitans, et sa main innocente tient peut-être
tous les fils de la conspiration dont quelque chef
habile la rend l'instrument. Elle doit avoir appris
l'entrée de notre avant-garde dans les montagnes,
ainsi j'espère... (*Regardant sur le lac.*) Tiens... je ne
me suis pas trompé..; voilà la nacelle, retirons-nous
de crainte d'être aperçus. Va rejoindre ma suite
et laisse-moi.

FREEMORE.

Mais, sire.....

ETHELBERT.

Va, je te l'ordonne.

FREEMORE. Il sort.

J'obéis.

Le roi se retire derrière un rocher. Éléna paraît au loin sur le lac dans sa nacelle. Elle doit en avoir déjà traversé une partie lorsqu'elle est aperçue
par Ethelbert.)

SCÈNE III.

ETHELBERT caché, ÉLÉNA sur le lac.

CAVATINE.

ÉLÉNA.

Salut, plage fleurie,
Beau lac dont le cristal d'azur
De ma belle patrie
Réfléchit le ciel calme et pur;
Au malheur ta rive chérie
Offre un asile sûr.

Je viens, sur ma barque légère,
Éveiller l'écho de tes bords,
Et des affreux chants de la guerre
Redire les accords.

Guidant ma nacelle fragile,
Puissé-je toujours protéger
Le sol que ton flot rend fertile
Et le sauver de tout danger!

J'y cherche, pour mon père,
Ses défenseurs nouveaux;
Car cette noble terre
Est celle des héros!

O ciel, dirige sur ces flots
Mon trajet solitaire,
Eléna, cherche, pour un père,
En ces lieux des amis nouveaux.

(Éléna paraît absorbée dans ses pensées; Ethelbert l'examine sans se découvrir.)

ETHELBERT, à part.

RÉCITATIF.

Ciel ! quels traits ravissans !
Un doux charme m'attire,
Je crains le délire
Qui s'empare de mes sens.

ÉLÉNA, sortant de sa rêverie.

Qu'un cri de guerre en ces campagnes,
Répété par l'écho des bois,
Fasse retentir nos montagnes
Et consacre nos droits !

ETHELBERT, qui l'a écoutée, la regarde avec admiration; ses gestes
expriment les divers sentimens qui l'agitent.

CHANT, à part.

Il est do. vrai, des ennemis
Sa voix défeu. bannière rebelle !
Quel charme heureux doit attirer près d'elle !
Tout lui doit être soumis.
De la voir s'arrêter perdrais-je l'espérance !.....
Elle s'éloigne de ces lieux ?

(Elle fait un mouvement pour partir.)

Supposons-nous proscrit... son œil sans défiance
Doit voir un malheureux.

ÉLÉNA, l'apercevant.

Un montagnard s'avance,
Cherche-t-il du secours ?

ETHELBERT.

Ah ! que votre assistance
Daigne sauver mes jours !

Du destin qui m'exile
Allégez la rigueur;
Accordez un asile
A mon malheur.

ÉLÉNA.

Dans nos retraites solitaires
Suis-moi; ne crains plus le danger
Pour nous tu n'es plus étranger,
Tous les infortunés sont frères.

DUO.

ÉLÉNA.

Vers notre toit modeste
Je conduirai tes pas.

ETHELBERT, à part.
Ah ! sa bonté céleste
Égale ses appas !

Peut-être, comme nous, en ce
désert sauvage,
Guidé par ton courage,
Contre nos ennemis ,
Tu viens t'armer pour ton
pays?

(Haut.)
Je vous suivrai vers l'autre
rive,
Pouvez-vous y guider mes
pas ?

Oui je puis y guider tes pas.

(A part.)
Quoi qu'il arrive
Je n'hésiterai pas.

ENSEMBLE.

ÉLÉNA.	ETHELBERT, à part.
Viens dans les champs de la victoire,	Sachons disputer la victoire
Viens prendre part à nos exploits,	Et soutenir mes justes droits ,
Sou'enir notre gloire	Risquons tout pour ma gloire,
Et défendre nos droits.	Et la cause des rois.

(Ethelbert entre dans la barque.)

SCÈNE IV.

FREEMORE.

(L'orchestre continue à faire entendre la ritournelle de la cavatine pendant que la barque s'éloigne et que Freemore parle.)

Éthelbert! Éthelbert!... (*Il le cherche avec anxiété*). Je ne le vois plus... O ciel! s'il se dirige de ce côté, il tombera dans un parti de montagnards qui s'avance. (*Il aperçoit au loin la barque.*) Mais que vois-je? c'est lui-même dans la barque de la jeune Écossaise; il poursuit son entreprise; je tremble pour lui! que faire?... (*Après un moment de réflexion.*) Allons, courons à notre avant-garde, et tâchons de rejoindre le roi en suivant les bords du lac.

(Il sort.)

SCÈNE V.

MALCOLM.

RÉCITATIF.

De nos braves guerriers j'ai devancé les pas
Pour revoir plus tôt ma patrie.
A sa cause chérie
J'ai consacré mon bras !

O toi que j'aime avec constance,
Qui fus promise à ma valeur,
Éléna ! malgré l'absence,
M'as tu gardé ton cœur ?

(Il regarde vers le lac ; en ce moment la barque commence à se perdre dans l'éloignement.)

Ah ! se peut-il... Oui , je la vois !.. C'est elle !
Sur ce lac !.. Éléna !... Dieu ! que je suis ému !
Mais à ses pieds quel est cet inconnu ?

(Il suit la barque des yeux.)

Injure trop cruelle!
Oh ciel !... il parle , elle sourit ;
Éléna me trahit.
L'infidèle !
Crains mes soupçons jaloux ! ils déchirent mon cœur
Redoute ma vengeance !
Si Malcolm aime avec constance ,
Il hait avec fureur !

SCÈNE VI.

MALCOLM, ARTHUR, ROBERT, MONTAGNARDS.

(Pendant que Malcolm s'abandonne à ses tristes pensées, ses compagnons d'armes
arrivent et l'entourent.)

CHOEUR.

Vengeance !
Mort aux oppresseurs !
Vengeance !
Nous serons vainqueurs.

MALCOLM, à part.	CHOEUR.
Quel doute affreux vient dé- chirer mon cœur,	Prés de ces monts inacces- sibles
Ah ! rien ne peut apaiser ma fureur.	Nous attendrons nos fiers en- nemis,

Et nous serons tous invincibles,
En défendant notre pays.
Vengeance !

(A Malcolm qu'ils entourent.)

Viens , guide nos pas,
Tu dois nous conduire aux combats.

ARTHUR.

Oui, noble chef, tu fais notre espérance.

ROBERT.

Oui, notre espoir dépend de ta vaillance.

MALCOLM, à part.

A mes guerriers cachons bien ma souffrance.

CHOEUR.

Mais, sur ton front, pourquoi
cette pâleur ?
Ah ! songe au prix offert à ta
vaillance.
Malcolm, tu fais notre espé-
rance,
L'Écosse en toi voit son ven-
geur.
Ah ! bannis de ton âme
Cette sombre douleur.
L'Écosse te réclame,
Ne vois que son malheur.
Vengeance !
Vengeance !
Ah ! que ce cri retentisse en
ton cœur,
Cherchons la gloire au champ
d'honneur.
Etc., etc.

MALCOLM, en même temps que le
chœur.

O ciel, l'ai-je bien vu ? pour
moi quelle douleur !
De son amour j'ai reçu l'as-
surance,
J'aimais avec tant de constance !
Et je vois trahir mon ardeur !

Ah ! chassons de mon âme
Cette sombre douleur,
L'Écosse me réclame,
Songeons à son malheur.
Vengeance !
Vengeance !
C'est le seul cri permis à ma
douleur,
Cherchons la mort au champ
d'honneur.
Etc., etc.

(Ils sortent et se dirigent du côté du château de Malcolm, en suivant les bords
du lac sur les pas de leur chef.)

FIN DU PREMIER ACTE.

ACTE DEUXIÈME.

Le théâtre représente une salle du château de Malcolm; elle
est décorée de trophées d'armes et de chasse.

SCÈNE PREMIÈRE.

ANNA, GRÉGOR, JEUNES FILLES ÉCOSSAISES, PAGES,
ÉCUYERS, etc.

(Les jeunes filles portent des guirlandes : on s'apprête à célébrer le retour de
Malcolm.)

CHOEUR.

Célébrons par nos chants d'amour
Cette heureuse journée;
Malcolm est de retour;
Et nous verrons en ce beau jour
La valeur couronnée
Par les mains de l'amour :
Malcolm est de retour !

MORCEAU D'ENSEMBLE.

GRÉGOR.

Il revient en ces lieux guidé par son amour.

DUO.

ANNA.	GRÉGOR.
Hélas, dans la tristesse,	Son cœur plein de tendresse
L'objet de sa tendresse	Voyait avec ivresse
Attendait son retour;	S'approcher ce beau jour;
Mais aux pieds de sa belle,	Mais aux pieds de sa belle,
Reviendra-t-il fidèle	Reviendra-t-il fidèle
A son premier amour?	A son premier amour?

CHOEUR.

Que l'hyménée
Nous montre en ce beau jour
La valeur couronnée
Par les mains de l'amour :
Qu'une chaîne de fleurs unisse en ce beau jour
Par le nœud le plus doux et l'hymen et l'amour :
Vainqueur dans les combats, triomphant chaque jour
Ce héros à son tour
Est vaincu par l'amour :
Mais loin qu'il regrette
La perte de son cœur,
Il est heureux de sa défaite
Et sourit à son vainqueur.

GRÉGOR.

Amis, votre chef, mon frère, le brave Malcolm, revient dans ces murs : allons tous à sa rencontre, c'est notre devoir : hâtons-nous.

(Ils sortent tous par le fond à droite du spectateur du même côté par lequel ils étaient entrés.)

SCÈNE II.

ANNA seule.

Éléna, ma maîtresse, tarde à revenir de sa promenade accoutumée sur le lac. L'heure de son retour

est déjà passée. (*Regardant par le portique à gauche.*)
Ah! je l'aperçois enfin! Elle descend de sa nacelle;
mais elle n'est pas seule. Elle amène un inconnu,
sans doute quelque montagnard d'un clan voisin,
auquel elle donne l'hospitalité, et qui vient s'unir à
nous pour la défense de nos montagnes... (*Elle continue à observer.*) Quelle noblesse dans la démarche
de cet étranger!... Ses regards sont fixés sur Éléna...
Éprouverait-il déjà l'effet irrésistible de ses charmes?..
Cela ne m'étonnerait pas; mais ses soins seraient
inutiles; Éléna n'aimera jamais que Malcolm.

SCÈNE III.

ETHELBERT, ÉLÉNA, ANNA.

ÉLÉNA, entrant par le portique à gauche.

Étranger, suis-moi... (*A Anna.*) Anna, dispose
tout pour remplir les devoirs de l'hospitalité envers
ce proscrit malheureux que j'amène... (*Anna sort.*)—
(*A Éthelbert.*) Te voilà en sûreté; ne crains plus
rien; on respire librement sous le toit de Malcolm :
c'est le refuge des opprimés.

ETHELBERT, avec surprise.

Sous le toit de Malcolm? Quoi! je suis dans la demeure de ce redoutable chef montagnard dont le nom
a retenti jusque dans les plaines voisines de votre lac?

ÉLÉNA.

Bientôt ce nom retentira dans toute l'Écosse dont
il est la gloire et la seule espérance aujourd'hui.

ETHELBERT, avec dépit et l'observant.

Quelle que soit la célébrité de ce guerrier, j'ai peine à croire qu'il puisse mériter les louanges que votre bouche lui prodigue... (*Avec intention.*) Peut-être un sentiment plus vif que celui de l'admiration.

ÉLÉNA, l'interrompant avec fierté.

Étranger, tes paroles sont indiscrètes... Éléna pourrait s'en offenser. Mais elle avoue avec orgueil l'amour d'un héros pour elle.

ETHELBERT.

Noble Écossaise, excusez ma hardiesse.

ÉLÉNA, avec enthousiasme.

Oui, je m'estime heureuse de pouvoir acquitter, par le don de mon cœur, la dette de ma reconnaissance.

ETHELBERT.

De votre reconnaissance?... Vous devez à Malcolm?...

ÉLÉNA, avec chaleur.

Le salut de mon père... Son toit hospitalier est devenu l'asile où ce vieillard malheureux s'est dérobé à la vengeance du tyran de l'Écosse.

ETHELBERT.

Quoi! votre père serait au nombre des chefs proscrits?... Quel est-il?

ÉLÉNA.

Le plus célèbre de tous et le plus injustement accusé; illustre par ses actions; par son infortune; l'honneur de son pays qui le persécute, l'amour des

La Dame du lac. 2

défenseurs de nos montagnes... Tu es Écossais... tu dois le reconnaître.

ETHELBERT, s'écriant.

C'est Douglas !....

ÉLÉNA.

Oui , c'est Douglas ; c'est mon noble père.

DUO.

ETHELBERT.

(Parlé.)

Qu'ai-je entendu !

(Chant.)

La fille de Douglas est présente à mes yeux ;
C'est elle qui m'assure un asile en ces lieux !

ÉLÉNA.

Je dois le jour à ce héros.
Un prince ingrat proscrit sa vie ;
Les soins de sa fille chérie
Peuvent seuls adoucir ses maux !

ETHELBERT, à part.

J'ai confirmé l'arrêt sans doute trop sévère
Qui frappe un vieillard respecté ;
Orgueil des rois tu fis taire
L'humanité !

ENSEMBLE.

ETHELBERT.	ÉLÉNA.
Ah ! d'un sort plus prospère Pour vous bientôt va renaître le jour.	Mais d'un sort plus prospère Pour nous bientôt va renaître le jour.

ÉLÉNA.

Entends ces chants d'amour!
Du vengeur de mon père
Ils annoncent le retour.

ENSEMBLE.

ETHELBERT, à part.

Trouble extrême!
Celui qu'elle aime
Je vais le voir!

(A Éléna.)
Je sens qu'une telle espérance
Doit enflammer sa vaillance

ETHELBERT.

Ne puis-je par ma vaillance
Lui disputer votre cœur?

ETHELBERT, tendrement.

Ah! de l'ardeur qui m'enflamme
Qu'un sourire soit le prix.

ETHELBERT.

Ah! de l'ardeur qui m'enflamme
Qu'un sourire soit le prix.
Etc., etc.

ÉLÉNA, à part.

Trouble extrême!
Celui que j'aime
Je vais le voir!

(A Ethelbert.)
Il prendra notre défense:
Mon cœur est sa récompense.

ÉLÉNA.

Comme lui par ta vaillance
De mon père défends l'honneur.

ÉLÉNA, avec réserve.

Que l'honneur parle à ton âme
Ne songe qu'à ton pays.

ÉLÉNA.

Que l'honneur parle à ton âme;
Ne songe qu'à ton pays.
Etc., etc.

ÉLÉNA, avec dignité.

Étranger, mon père commande en ce château
pendant l'absence de Malcolm: je cours l'instruire
que je t'accorde un asile; puissé-je, en secourant un
infortuné, avoir acquis un nouveau défenseur pour
sa juste querelle.

(Elle sort par la droite.)

SCÈNE IV.

ETHELBERT seul.

Je suis donc au milieu de mes plus grands ennemis. L'estime que m'inspirent leur courage et leurs
coutumes généreuses me fait gémir sur la cruelle
nécessité de cette guerre !... Mais quel bruit lointain
parvient jusqu'à moi ?... Est-ce l'arrivée du chef de
clan ? (*Il écoute.*) Oui , je n'en puis douter.... Ces
acclamations me l'annoncent. Qu'il me tarde de voir
cet audacieux montagnard qui ose lever contre moi
l'étendard de la rébellion... Il vient !... Soyons pru-
dent... songeons à mes projets.

(Il gagne l'extrémité de la scène à droite.)

SCÈNE V.

MALCOLM, GRÉGOR, ARTHUR, ETHELBERT, Soldats, Montagnards, Chefs du Clan de Malcolm.

(Ils entrent par la droite)

(Les montagnards du clan de Malcolm entrent et se placent à gauche ; tous
les chefs et les soldats remplissent le côté droit ; Ethelbert enveloppé de
son plaid, se mêle parmi eux et se tient un peu en avant. Malcolm entre
pendant le chœur, suivi de Grégor et d'Arthur ; il occupe le milieu de
la scène.)

CHOEUR.

Malcolm, vois notre ivresse
Et nos transports d'amour ;
Jouis de l'allégresse
Qu'inspire ton retour :

La gloire fugitive
Semblait fuir nos regards ;
Tu la tiendras captive
Sous tes fiers étendards.

De la Calédonie
Les fils toujours vainqueurs
D'une race ennemie
Puniront les fureurs.

Méritons notre gloire
Et d'un honteux repos ;
Effaçons la mémoire
Par des exploits nouveaux.

(Pendant ce chœur, Malcolm a remarqué Ethelbert, qui seul dans la foule a
gardé le silence ; les regards de Malcolm expriment la défiance.

Suite du morceau d'ensemble.

DUO.

MALCOLM, à part.

Quand le désir de la vengeance
Des Écossais excite la fureur :
Pourquoi ce montagnard garde-t-il le silence ?
Quel est-il ?.... pourquoi sa présence
Fait-elle tressaillir mon cœur !

MALCOLM, à part.	ETHELBERT, à part.
Oui, sa présence en moi rappelle	De ce peuple ingrat et rebelle
Un secret sentiment d'horreur.	J'admire en secret la grandeur.

LE CHŒUR, à Malcolm.

De tes hardis travaux songe qu'à ton retour
Tu te reposeras dans les bras de l'amour.

GRÉGOR, aux montagnards.

Ah ! de l'amour, de son charme trompeur,
A ses regards cessez d'offrir l'image ;
Pour enflammer son courage
C'est assez de l'honneur.

CHŒUR.

Oui de l'amour à sa valeur
Cessons de présenter l'image,
Ah! pour enflammer son courage,
Amis, il suffit de l'honneur.

ETHELBERT, à part.

D'un peuple aveugle en sa fureur
Je soumettrai l'orgueil sauvage,
En opposant à son courage
Ou mes bienfaits ou ma valeur

(Pendant ce chœur, les regards de Malcolm n'ont pas cessé d'être fixés sur
l'étranger.)

GRÉGOR et CHŒUR.

Un tyran à la patrie
Ose imposer d'injustes lois ;
Ah ! de notre Écosse chérie
Affermissons les droits.

MALCOLM.

Allez, braves amis ; réparez vos forces épuisées
par la longueur de notre marche ; mais soyez prêts
au premier signal. La claymore de l'habitant des hautes terres aura bientôt anéanti ce vil troupeau d'es-
claves. (*Mouvement d'Ethelbert.*) Allez ; l'empire
des montagnes est à nous ; les soldats de Malcolm
sont infatigables et dévoués : ils seront invincibles.

(Les guerriers s'éloignent par la droite : Malcolm n'a pas cessé d'examiner
Ethelbert ; celui-ci pendant le discours de Malcolm à ses troupes a réprimé
difficilement sa colère et son émotion; il se dispose à suivre les montagnards, mais avec répugnance, et en manifestant l'effort qu'il s'impose
pour obéir à l'ordre d'un ennemi. Malcolm, qui observe tous ses mouve-
mens, l'arrête au moment où il va sortir, et le ramène sur le devant de
la scène.)

SCÈNE VI.

MALCOLM, ÉTHELBERT.

MALCOLM.

Arrête, et parle-moi !... Qui es-tu, toi qui n'obéis
qu'à regret au chef de ton clan ?

ETHELBERT, fièrement,

Tu n'es pas mon chef ; je n'ai point de maître.

MALCOLM, réprimant un mouvement violent,

Tu n'as point de maître ?... Si toi-même, tu es
un chef des montagnes, pourquoi n'es-tu pas venu
à moi, la main ouverte ?

ETHELBERT, vivement.

Parce que.... (*Se contenant.*) Nos familles sont
ennemies.

MALCOLM.

Je te crois.... (*à part*), à la haine que tu m'ins-
pires. (*Haut.*) Alors, pourquoi te vois-je parmi
les miens?

ETHELBERT.

Tu me verras partout où ma présence sera néces-
saire au salut de mon pays.

MALCOLM, l'observant avec soupçon.

Ainsi..... tu viens te ranger parmi les vengeurs de
Douglas? (*Après un silence.*) Etranger, pourquoi te
taire?... Parle,.... il est temps;... je le veux,... je te
le dis....

ETHELBERT, avec calme et fierté.

Et moi, je te dis que tu n'as pas le droit de m'interroger.

MALCOLM, furieux.

Sais-tu bien, téméraire, ce que tu risques à me parler ainsi?

ETHELBERT, froidement.

Rien; à moins que le clan de Malcolm ne soit le seul de toute l'Écosse où la sauvegarde de l'hospitalité ne soit plus sacrée.

MALCOLM, lui serrant vivement le bras.

Tu es en sûreté... Prends ici du repos,... bois dans ma coupe... dors sur ma couche... et, si tu es brave,... tu me diras... (avec impatience) quand tu voudras te faire connaître!

ETHELBERT.

Je te le d rai.

MALCOLM.

C'est bien... (Ils se prennent la main; Malcolm examinant ses traits.) Ah! quel soupçon!... (Il l'attire vivement sur le devant de la scène.) Approche!... Je ne me trompe pas;... c'est lui, c'est l'étranger recueilli par Éléna dans sa barque!...

ETHELBERT, froidement.

Dans la barque d'Éléna? Oui, c'est moi.

MALCOLM, avec éclat.

Traître! la voilà, la cause du mystère dont tu veux t'entourer;... tu es épris d'elle... Depuis quel temps la connais-tu?... Chaque jour, sans doute, elle va te chercher à l'autre rive du lac? Peut-être

as-tu déjà reçu l'aveu de sa tendresse?... La perfide!...
(*Il met la main sur son épée.*) Rends grâces à nos
coutumes qui défendent de verser le sang d'un hôte,...
fût-il notre ennemi mortel; mais le moment de ton
départ arrivera enfin : tu sortiras de cette enceinte,
je te suivrai, et l'un de nous n'y rentrera jamais !

ETHELBERT.

Tes menaces ne m'effraient point : si l'amour d'É-
léna devait payer les dangers que je puis courir, je
voudrais les accroître encore ;... dans quelques instans je quitterai ton château.

(Il sort par la droite.)

MALCOLM.

Il suffit!... (*Seul, il marche avec agitation.*) J'a-
vais donc un rival!... un chef de clan comme moi,
sans doute, attiré par la beauté célèbre qui nous sé-
duit tous deux! Perfide Éléna! pour ta cause et celle
de ton père, j'attire la guerre sur ce malheureux
pays... Si je suis vaincu, je dois m'attendre au châ-
timent des rebelles; et voilà ma récompense!... (*Il
fait quelques pas.*) Je la vois!...

(Il exprime son émotion.)

SCÈNE VII.

MALCOLM, ÉLÉNA.

Elle entre par la droite, tenant à sa main une écharpe, elle court vers Malcolm.

ÉLÉNA.

Cher Malcolm.... (*Il se détourne.*) Quel accueil
glacé !

DUO.

ÉLÉNA.

Malcolm, pourquoi vous taire?
Ciel! quel regard sombre et sévère!
Quand le destin prospère
Doit consacrer ce jour
A l'amour!

MALCOLM.

Va, ton attente est vaine,
Crains le transport qui m'entraîne!
Oui, je brise ma chaîne :
Tu trahis en ce jour
Notre amour!

ÉLÉNA.

Malcolm, écoute!...

MALCOLM.

Ah! laisse-moi.

ÉLÉNA.

Mon âme est toute à toi.

MALCOLM.

Laisse-moi.

ÉLÉNA.

Il m'abandonne! ô douleur qui m'égare
Barbare!
Qui détruis mon bonheur.

MALCOLM.

Souffrance horrible!
O ciel! est-il possible
Qu'Éléna déchire mon cœur!

MALCOLM.

Plus d'espérance!
Fatale absence!
Quoi dans son âme, à mon retour,
Il n'est donc plus d'amour!

ÉLÉNA.

Plus d'hyménée!
Triste journée!
Quoi dans son âme, à son retour,
Il n'est donc plus d'amour!

MALCOLM.

Ah! fuyez, souvenirs de tendresse,
Pour toujours quittons ces lieux.

ÉLÉNA.

Ah! c'est trop écouter ma faiblesse,
Je m'éloigne de ses yeux.

MALCOLM, ÉLÉNA, ensemble.

Va, tu n'es plus digne de moi.

MALCOLM, ÉLÉNA, ensemble.

Reprends ta foi,
Fuis loin de moi.

MALCOLM.

A jamais mon cœur oublie
Celle qui trahit sa foi;
C'est pour la vie.
Mon cœur ne sent plus rien pour
toi,
Reprends ta foi.

ÉLÉNA.

A jamais mon cœur oublie
Celui qui trahit sa foi;
C'est pour la vie.
Mon cœur ne sent plus rien pour
toi,
Fuis loin de moi.

SCÈNE VIII.

MALCOLM, ÉLÉNA, DOUGLAS.

MALCOLM, à part.

Ciel! Douglas! que lui dire?...

DOUGLAS, entrant par la droite et courant à Malcolm qu'il prend dans ses bras.

Malcolm, je te revois!... (A Éléna.) Ma fille, le

voilà donc ce jour si ardemment désiré; ce jour qui,
en te donnant un époux si digne de ta tendresse, va
l'enchaîner à ma cause par les liens les plus sacrés !...
Ah ! qu'il me tarde de combler tes vœux !... Que vois-
je ! pourquoi ces pleurs ?

ÉLÉNA.

Malheureuse Éléna !..

DOUGLAS, à sa fille, avec sévérité.

Oubliez-vous ce que vous devez à votre père ? au
héros qui vous honore de son choix ? L'autel vous attend; venez recevoir les sermens de Malcolm.

ÉLÉNA.

Arrêtez !... Non !... non, jamais Éléna ne sera l'é-
pouse de Malcolm.

DOUGLAS.

Qu'oses-tu dire ?

ÉLÉNA.

Vous connaissez mon dévouement pour vous : n'ac-
cusez pas votre fille; plaignez-la plutôt, et n'exigez
pas qu'elle s'abaisse devant un homme qui n'a pas su
la juger.

MALCOLM, à part, contenant sa colère.

La perfide !... et c'est elle qui m'accuse !...

DOUGLAS.

Qu'entends-je ! pourquoi ces reproches mutuels ?

MALCOLM, éclatant.

Un odieux étranger est venu pendant mon absence.

ÉLÉNA, jetant un coup d'œil courroucé sur lui.

Quels indignes soupçons !

DOUGLAS, à Malcolm, avec reproche.

Malcolm !

MALCOLM.

Interrogé par moi, l'audacieux semblait jouir de
mon inquiétude et braver ma jalousie... Ah! qu'il
ose reparaître à ma vue!..

SCÈNE IX.

ETHELBERT, MALCOLM, ÉLÉNA, DOUGLAS, GRÉGOR,
ARTHUR, et quelques montagnards.

(Ethelbert entre précipitamment par la droite, l'épée à la main et poursuivi
par des montagnards qui le menacent.

ETHELBERT, à Malcolm.

Chef de clan, j'en appelle à ta parole; tes montagnards lèvent sur moi la claymore.

MALCOLM, se plaçant entre lui et les montagnards.

Quels sont les indignes serviteurs qui veulent ma
honte en menaçant l'hôte accueilli sous le toit de leur
chef?... Éloignez-vous.

(Les montagnards s'éloignent.)

ETHELBERT.

Malcolm, je descends dans la plaine; hors de tes
remparts, je ne suis plus ton hôte.

MALCOLM, avec éclat.

Ah! j'attendais ce moment avec impatience! (A
Éléna, d'une voix étouffée.) Faites des vœux pour lui;

car sa mort seule peut satisfaire le courroux qui m'anime.

ÉLÉNA, *avec une profonde douleur.*

Le ciel n'exauce point les vœux de mon âme; j'ai souhaité un noble protecteur pour mon père, et mon père n'a plus d'asile.... J'ai désiré, aussi vivement peut-être, voir la gloire du plus vaillant des Écossais s'accroître encore par la délivrance de son pays; et l'espoir d'une injuste vengeance est le seul but où semble aspirer son courage. Enfin..., dans mes vœux inutiles, j'avais demandé au ciel le bonheur de couronner le front victorieux d'un héros digne de moi...: à qui donnerai-je cette écharpe préparée pour soutenir un glaive terrible aux ennemis de ma patrie?... Ah! ma main s'est trompée en y traçant le nom de Malcolm!

MALCOLM, *à part.*

Qu'entends-je! Ah! malheureux! qu'ai-je fait!

ÉLÉNA, *présente l'écharpe à son père.*

Tenez, mon père.... devait-il la recevoir de ma main?

MALCOLM, *tombant à ses pieds.*

Éléna!... ta voix a pénétré mon cœur : j'offensais la vertu la plus pure!.. ah!... pardonne!...

(Éléna demeure immobile, la tête appuyée sur le sein de Douglas.)

DOUGLAS.

Ma fille, il est à tes genoux!...

(Sans parler, et sans changer de posture, elle avance lentement la main qui porte l'écharpe vers Malcolm qui s'en saisit en tremblant de joie.)

MALCOLM, *se levant avec transport.*

Par ce don glorieux, qu'un instant je cessai de

mériter, je jure qu'en ce jour même la claymore que doit supporter cette écharpe rencontrera le glaive du prince écossais, si son courage que l'on vante peut l'engager à ne pas éviter ma présence.

ETHELBERT, avec éclat.

Il ne l'évitera pas!... il la désire... autant que toi... (*Se modérant.*) Je m'engage à te le faire voir en présence des soldats de la plaine et des guerriers des montagnes.

MALCOLM.

Qui que tu sois, étranger, ami ou ennemi, remplis ta promesse, et compte sur l'estime de Malcolm.

ETHELBERT.

Chef de clan, celui qui fut ton hôte t'accorde la sienne... Avant peu tu lui rendras justice.

MALCOLM.

Je suis à toi dès que j'aurai donné le signal aux troupes qui m'attendent dans la cour du château.

(Ils sortent tous par la droite. La musique du morceau suivant commence aussitôt et sert de signal pour le changement de décoration.)

SCÈNE X.

CHANGEMENT.

On voit la grande cour du château de Malcolm; c'est une forteresse gothique. Dans toute la largeur du théâtre est un parapet à hauteur d'appui, bordant les fossés, avec une estrade en pierre, adhérente à la partie gauche. Au delà du parapet, en perspective, et au loin la vue des hautes montagnes d'Écosse, couvertes de neiges et de sapins. A gauche, au bout du parapet, une tour, avec une porte de sortie qui donne dans la campagne. La cour est pleine de montagnards écossais, diversement groupés. A l'entrée de Malcolm, ils se rangent du côté gauche.

MALCOLM et tous les personnages de la scène précédente.

MALCOLM, entrant.

Noble terre
Des maux de la guerre,
Malcolm espère
Dans peu t'affranchir ;
Pour les finir
Tes fils doivent s'unir.
Etc., etc.

TRIO.

ÉLÉNA, à Malcolm.

D'une injure cruelle
Je pardonne l'excès ;
Ton Éléna fidèle
T'engage son cœur à jamais.

MALCOLM, à Éléna.

D'une injure cruelle
Ah! pardonne l'excès!
A ton amant fidèle
Engage ton cœur à jamais.

DOUGLAS, en même temps.

Injure cruelle,
De leur amour fidèle
Ne trouble plus la paix.

MALCOLM, aux troupes.

Écossais arrachons la patrie
Au tyran qui la tient asservie ;
Que ne puis-je pour son malheur

Rencontrer ce prince oppresseur,

(A Ethelbert.)

Vers ce chef d'une race ennemie
Conduis mes pas; tu l'as promis sur l'honneur!

ETHELBERT, avec fierté.

Tu l'y verras :
Ce roi , que l'Écosse révère,
D'un vaillant adversaire
Jamais dans les combats
N'a redouté le bras,
Et s'il faut qu'entre vous, dignes rivaux de gloire,
Un combat en ce jour décide la victoire,
Seul je puis aujourd'hui
Te conduire vers lui.

MORCEAU D'ENSEMBLE.

MALCOLM.

J'accepte un tel appui.

CHOEUR.

Guide-moi jusqu'à lui.

MALCOLM.	DOUGLAS.
Pour sauver mon pays j'exposerai mes jours.	Pour sauver ton pays cours exposer tes jours.
Et le ciel me doit son secours.	Oui, le ciel te doit son secours.
ÉLÉNA, à Malcolm.	ETHELBERT, à part
L'Écosse en alarmes	L'Écosse en alarmes
Attend que tes armes	Attend que mes armes
Par un noble effort	Par un noble effort
Décide son sort.	Décide son sort.

CHOEUR.

Dieu puissant , c'est pour nous qu'il combat aujourd'hui,
Soutiens son bras et combats avec lui.

La Dame du Lac.   3

SCÈNE XI.

Les Mânes, ARTHUR.

ARTHUR, accourant.

Auprès de ces remparts, notre ennemi s'avance.

TOUS.

Aux armes!

MALCOLM.

Il est temps, marchons à la vengeance.

ENSEMBLE GÉNÉRAL.

MALCOLM.	DOUGLAS, GREGOR, ÉLÉNA et LE CHOEUR.
Quand l'Écosse m'appelle	Quand l'Écosse t'appelle
A défendre ses droits,	A défendre ses droits,
Montrons-nous digne d'elle	Montre-toi digne d'elle
Et méritons son choix.	Et mérite son choix.

ETHELBERT, en même temps à part.

Allons contre un rebelle
Venger par mes exploits
Mon peuple qui m'appelle
Et la cause des rois.

(Il sort en marquant à Malcolm qu'il va l'attendre hors de ses murs.)

MALCOLM, seul s'avance au fond.

Et vous, bardes sacrés, qu'un belliqueux transport
Vienne vous inspirer des chants dont la puissance
Ranime dans les cœurs
L'amour de la vengeance,
Le mépris de la mort!

CHOEUR.

Chantez, que vos accords
Excitent nos transports.

(Plusieurs Bardes arrivent portant des harpes.)

Leur chef monte sur l'estrade placée au fond de la cour vers le rempart de manière à pouvoir se faire entendre de tous ceux qui sont au dedans et au debors des murs.

LES BARDES.

Le cri de la guerre
Partout retentit,
Du mont solitaire
L'écho le redit.

Au son de sa lyre,
Le barde sacré
D'un noble délire
Se sent inspiré.

(A Malcolm.)

Suis avec transport
Sa voix qui te crie :
Honneur et patrie,
La gloire ou la mort !
Et si la victoire
Trahit les guerriers,
Succombe avec gloire
Couvert de lauriers.

ANNA.

Tout cède à vos armes !
Allez, vaillans soldats,
Nos vœux, nos alarmes
Vous suivront aux combats.

CHOEUR DES FEMMES.

Partons, l'honneur ordonne.
Nos mains avec ardeur

Tresseront la couronne
Pour le front du vainqueur.

(Pendant le chœur des femmes, le chef des bardes (Oscar) étend ses mains
sur les guerriers, qui tous s'inclinent avec un sentiment de respect reli-
gieux.)

GUERRIERS, BARDES, FEMMES, se relevant.

Et si la victoire
Trahit tes guerriers,
Succombe avec gloire
Meurs sur des lauriers.

MALCOLM, GRÉGOR, DOUGLAS.

Marchons et puissent nos exploits
De   vos
     fiers aïeux nous rendre les droits!
     nos

MALCOLM *.

Gloire, honneur et patrie,
Soyez ma devise chérie!

CHOEUR GÉNÉRAL.

De l'Écosse chérie
Courons changer le sort :
Gloire, honneur et patrie,
La victoire ou la mort !

(Ils sortent tous en suivant Malcolm précédés de la bannière du clan.)

* Du moment où commence le chœur général de la fin, les troupes commencent à défiler par le pont-levis; les Bardes les suivent de la main et les femmes
élèvent à leur passage des rameaux verts.

FIN DU DEUXIÈME ACTE.

ACTE TROISIÈME.

Un site sauvage. C'est une chaîne demi-circulaire de rochers. A l'avant-scène, un arbre et un tertre de gazon. Au lever du rideau, on voit quelques soldats de Malcolm s'enfuir en désordre et chercher un refuge dans les montagnes.

SCÈNE PREMIÈRE.

MALCOLM. (Il arrive seul. — Il tient encore son épée. — Il s'assied d'un air accablé.)

RÉCITATIF.

O jour funeste, hélas, plus d'espérance !
Trop malheureux combat, trop vaine résistance !
Ma rage invoque la vengeance,
Et le joug du vainqueur
Va flétrir ma valeur !

La honte est mon partage :
Quel prix de mon courage !
Cherchant dans les périls un glorieux trépas,
Il a fallu céder la palme des combats !

Du grand Douglas, ô fille infortunée,
Quelle est ta destinée !

Dans cès antres affreux,
Ah! puissiez vous, tous deux,
Fuir l'esclavage
Et les maux que ce jour nous présage!

AIR.

Éléna, toi que j'adore,
De nos tyrans fuis le pouvoir que j'abhorre;
Abandonne ces lieux,
Sauve tes jours précieux,
Conserve du moins à mes vœux
Le seul bien que possède encore,
Dans sa défaite, un guerrier malheureux!
Amour, dieu puissant que j'implore,
Sauve Éléna de ces périls affreux.

Je sacrifie
Jusqu'à ma vie;
Seul je défie,
Oui je défie
Le sort cruel et ses traits,
Si mon amie
A sa furie
Peut se soustraire à jamais!

Mon cœur l'appelle,
Ce cœur fidèle
Souffre et languit séparé d'elle;
Au seul espoir
De la revoir
Ma vie encor se renouvelle!

De sa tendresse
J'ai la promesse,
Et ma détresse
N'est rien pour moi.

J'ai sa promesse ;
Sûr de sa foi,
Non ma détresse
N'est rien pour moi,
Etc., etc.,

(Après le chant, il examine autour de lui d'un air triste.)

Un abri sauvage, au milieu de ces rochers presque inabordables!... Voilà donc le dernier refuge qu'il m'est permis d'offrir à ceux qui comptaient sur ma valeur et ma puissance ! C'est là que Douglas, qu'Éléna m'attendent !... Mais avant de les rejoindre, Malcolm, tu dois veiller à leur sûreté. (*Regardant au fond.*) Ce qui reste de mes malheureux compagnons s'est jeté dans les montagnes ; courons les rassembler autour de cet asile qui renferme ce que j'ai de plus cher au monde.

(Il sort par la droite.)

SCÈNE II.

ÉLÉNA, DOUGLAS.

ÉLÉNA. Elle arrive rapidement, en précédant son père.

Venez, venez, mon père!... C'est Malcolm!... J'en suis certaine.... j'ai reconnu sa voix....

(Elle cherche des yeux.)

DOUGLAS.

Tu t'abuses, ma fille, personne n'a troublé l'affreux silence de ce désert.

ÉLÉNA, plus inquiète.

Malcolm devrait être ici : vous avez été témoin du combat, mon père ?

DOUGLAS, tristement.

Oui, nous devons notre défaite à cet étranger im-
prudemment accueilli par toi, ce matin.

ÉLÉNA.

Que dites-vous ?

DOUGLAS.

C'était un de nos ennemis : à peine avions-nous
rencontré les troupes royales, qu'il a passé dans leurs
rangs, où il a été reçu avec de grands cris de joie.

ÉLÉNA.

Et c'est moi qui lui ai donné un asile !

DOUGLAS.

Je dois rendre justice à son courage : Malcolm lui
a reproché de ne pas lui avoir fait rencontrer le roi
d'Écosse....

ÉLÉNA.

Eh bien ?

DOUGLAS.

L'audacieux lui a répondu : « Je veux savoir aupa-
» ravant par moi-même si tu es digne de te mesurer
» avec lui.... » Alors, ils ont couru l'un sur l'autre,
la mêlée est devenue générale, et le nombre a dé-
cidé la victoire.

ÉLÉNA.

Qu'est-il devenu ?... Malcolm !... Ne dois-je plus
le revoir !...

DOUGLAS

Voici l'endroit qu'il nous a désigné pour retraite :
hélas !... nous y sommes seuls !...

ÉLÉNA.

Ah! mon père, dans son désespoir Malcolm sera retourné au combat.

DOUGLAS, vivement.

Qu'espère-t-il?.... Il affronte une mort certaine, ou l'esclavage plus affreux encore! Ah! c'est trop s'exposer pour la cause d'un malheureux vieillard... S'il faut une victime à nos persécuteurs, je cours livrer celle que demande leur haine.

ÉLÉNA.

Mon père, vous me glacez d'épouvante, fuyez plutôt avec moi cette triste retraite où trop de dangers vous menacent; à chaque instant, je crains... Entendez-vous?.... ce sont les vainqueurs qui pénètrent dans nos montagnes.

DOUGLAS.

C'est moi qu'ils cherchent! laisse-moi les attendre!...... que cet instant termine notre affreuse anxiété.

ÉLÉNA.

Vous voulez donc me voir expirer à vos pieds?....

DOUGLAS.

AIR.

Cesse... ta peine augmente... ma douleur;
Le ciel, dans sa colère,
Veut les jours de ton père,
Cédons à sa rigueur.
Oui, je me sacrifie,
Et, sans regret, je perds la vie,
Puisqu'en mourant je conserve l'honneur.

Du sort noble victime,
Quand je livre mes jours,
D'un héros magnanime
Je te rends le secours ;
Du moins, dans ta misère ,
Malgré le sort jaloux ,
Tu vas pleurer ton père
Dans les bras d'un époux.

Prince cruel, verse mon sang ,
Fais-moi payer ma gloire ;
D'un forfait si honteux viens flétrir la mémoire :
Au-devant de tes coups je m'offre en cet instant,
Frappe et couronne-toi de ce laurier sanglant.
Il reste à ta victime
Un vengeur légitime ;
Il punira ce crime ,
Et de mon nom sa valeur
Rétablira la splendeur,
Va , je quitte la vie
Sans regret , sans douleur ;
A ma fille chérie
Je laisse un protecteur ,
A ma gloire flétrie
Un héros pour vengeur.

ÉLÉNA, s'attachant à ses pas

Dieux !.... mon père !.... mon père !....

(Douglas force Éléna par un geste impérieux à s'arrêter, elle tombe à genoux
les mains étendues vers lui d'un air suppliant comme pour le retenir, tan-
dis qu'il s'éloigne. Douglas s'arrête un instant ; du haut d'une colline, il
semble bénir sa fille et la recommander au ciel, puis il disparaît. Éléna
tombe accablée sur un rocher. Cette scène muette se passe pendant la ritournelle qui termine le morceau de chant.)

SCÈNE III.

ÉLÉNA, ETHELBERT, MERTOWN, PLUSIEURS CHEFS
DES TROUPES ROYALES.

(Ethelbert, couvert d'une simple armure, entre avec eux par la droite, et
les fait éloigner en apercevant Éléna dans le fond.)

ETHELBERT.

C'est elle !... (*A ses officiers.*) Restez près de ces
lieux.

(Il baisse sa visière.)

MERTOWN, à demi-voix sans entrer en scène.

Oui, sire, nous veillons sur vous.

(Mertown retient les autres officiers qui allaient descendre sur les pas du
roi et se retire avec eux.)

ÉLÉNA, revenant à elle, et s'avançant.

Ah! mon père, devais-tu tromper ma tendresse,
et m'empêcher de te suivre quand tu vas te livrer à
nos tyrans !....

ETHELBERT.

Qu'entends-je !... Douglas se serait livré lui-même !

ÉLÉNA, l'apercevant.

Un guerrier !... son armure annonce un chef de
l'armée royale..... (*Après un moment d'hésitation.*)
Oui !.... Cette idée est une inspiration du ciel !....
(*S'avançant vivement vers Ethelbert et d'un ton sup-*

pliant.) Vous êtes un des officiers du roi ?... moi je suis du parti des rebelles : je vous le déclare, faites-moi prisonnière, et daignez me conduire aux pieds de votre souverain !

ETHELBERT.

Que dites-vous !

ÉLÉNA.

Ne me refusez pas ; j'implore cette humiliation, je la subirai avec joie, si elle me permet de tenter un dernier effort en faveur de mon père !... Vous hésitez !....

ETHELBERT.

Quoi!... vous voulez ?... je ne puis comprendre votre dessein.... Expliquez-vous, Éléna !

ÉLÉNA, étonnée.

Éléna !... tu me connais !... tu me nommes !... ce son de voix !... c'est l'étranger reçu par moi ce matin.... Ainsi, tu venais pour nous trahir !..

ETHELBERT, élevant sa visière.

Pour vous sauver.

ÉLÉNA.

Toi !...

ETHELBERT.

Moi-même !... Un jour la dame du lac me rendra justice.

ÉLÉNA.

Non ; plus d'espoir,... plus de confiance !.. Hélas !... à qui m'adresser désormais ?....

FINAL.

ELÉNA, ETHELBERT.

DUO

ÉLÉNA.

Ah ! dans ma misère,
Où trouverai-je un ami généreux
Qui d'un péril affreux
Veuille sauver mon père ?
Qui voudra le secourir,
Qui prendra sa défense ?
Des biens de l'opulence
Je n'ai plus que le souvenir ;
Hélas ! je ne puis offrir
Que mes vœux, ma reconnaissance...
Pour cette faible récompense,
Ah ! qui voudrait s'exposer à mourir !

ETHELBERT.

Bannissez vos alarmes ;
Peut-être un ami généreux
Va s'offrir à vos yeux ;
Il séchera vos larmes ;
Comptez sur son appui ;
Vous servir est sa récompense,
Il prendra votre défense,
Et mon cœur vous répond de lui.

ÉLÉNA.

Mon père!... ah ! pourrait-il échapper au trépas?
Étranger, ne m'abuse pas.

ETHELBERT.

Oui, contre son destin funeste
Douglas peut trouver un recours ;
Un défenseur puissant dans son malheur lui reste,
Et c'est sa fille en pleurs, tremblante pour ses jours!

Je serai l'appui tutélaire
Que le ciel garde à sa vertu ;
Ne pleure pas ton père,
Il te sera rendu.

ÉLÉNA.

Guerrier trop généreux,
D'un despote orgueilleux
Crois-tu, par ta prière,
Désarmer la colère ?

ETHELBERT.

Du montagnard ingrat ce Roi trop méconnu
Sait pardonner l'erreur et chérir la vertu.

(Lui présentant un anneau.)

Ce simple anneau qu'en tes mains je confie,
De ce Roi que tu crains est un don précieux,
Marque de l'appui glorieux
Dont il daigne honorer ma vie :
Va, pour ton père, embrasser ses genoux,
Offre à ses yeux ce gage de clémence ;
Peut-être, à son aspect, de sa juste vengeance
Il suspendra les coups.

ÉLÉNA.	ETHELBERT.
J'accepte avec ivresse	Qu'il soit sans cesse
Ce gage de bonheur.	Cher à ton cœur.

SCÈNE IV.

MALCOLM, ÉLÉNA, ÉTHELBERT.

TRIO.

ENSEMBLE.

MALCOLM, au fond.

Ciel que viens-je d'entendre !
O soupçons odieux !

ÉLÉNA.	ETHELBERT.
L'amitié la plus tendre	A cette amitié tendre
Doit payer ce don généreux.	Je borne tous mes vœux.
Oui, j'accepte ce gage	Ah! conserve ce gage,
Qui me rend le bonheur,	Et qu'au sein du bonheur
A jamais ton image	Quelquefois mon image
Restera dans mon cœur.	Soit présente à ton cœur.

(Ethelbert va s'éloigner; Malcolm furieux s'avance entre lui et Éléna.)

MALCOLM.

Arrête!

ÉLÉNA.

Ciel! Malcolm! Quel effroi!

ETHELBERT.

Que veux-tu?

MALCOLM, mettant l'épée à la main.

Traître! défends-toi!

ETHELBERT.

Réprime ton audace;
Vaincu, sans nul secours,
L'orgueil et la menace
Sauveront-ils tes jours?
N'attends plus de grâce;
Fuis le péril que tu cours!

MALCOLM.

Vaincu! sans nuls secours!... Ah! ne l'espère pas!

(Appelant.)

A moi, braves so'dats!

(Au cri de Malcolm des montagnards, mais en petit nombre, sortent de
derrière les rochers de droite, et viennent se ranger près de Malcolm.)

ETHELBERT. Il s'élance vers la gauche du théâtre, et donne un son de cor.

A moi, braves soldats!

(A ce signal, tous les rochers du fond et toute la partie gauche de la scène
se couvrent de soldats de l'armée royale, qui dirigent leurs armes contre
les révoltés et les tiennent en respect. Les plus éloignés sont armés d'arcs
et de flèches.)

CHOEUR DE SOLDATS
D'ETHELBERT.

Courons, notre chef nous ap-
pelle,
Qu'à sa voix chacun soit fidèle;
Qu'exiges-tu de nous?

MONTAGNARDS, consternés.

O ciel ! ô surprise mortelle !

O ciel ! ô surprise mortelle !
Allons, c'est fait de nous !

ETHELBERT.

Des révoltés emparez-vous !
(Les soldats passent derrière les montagnards et les désarment.)
Malcolm, tu peux être tranquille :
Chez toi je reçus un asile,
J'admirai ta noble fierté,
Je veux te vaincre en générosité....

MALCOLM, jetant son épée.

Fatal revers ! mon glaive est inutile.....

ÉLÉNA, à part.

O moment redouté !

MALCOLM, à Ethelbert.

C'est par le nombre seul que tu l'as emporté !

ETHELBERT, à Malcolm.

Ecoute : non loin de ces lieux
Tes Écossais font encor résistance ;
Suis-moi : c'est sous leurs yeux
Que j'accomplirai ma vengeance :

ETHELBERT.

Vengeance !

MALCOLM.

Vengeance !

ÉLÉNA, qui s'est jetée entr'eux.

Ah! cruels! arrêtez! ou je meurs à vos yeux.

ETHELBERT, à Malcolm.
Redoute ma colère !

MALCOLM, à Ethelbert.
Redoute ma colère !

ÉLÉNA, à Malcolm, qui la repousse.

Il veut sauver mon père !....
Mon affreuse douleur
Ne peut rien sur ton cœur :
Quoi ! ta colère
Frappe mon père
Dans son vengeur !

ETHELBERT, à Éléna.

Calmez cette douleur
Qui déchire mon cœur ;
D'un téméraire
Bientôt j'espère
Que ma valeur
Punira la fureur !
Mais sa colère
A votre père
Laisse un vengeur.

MALCOLM, à Ethelbert.

Ah ! bientôt ma valeur
Servira ma fureur ;
Viens, téméraire !
Viens subir le salaire
Dont ma juste colère
Menace un suborneur,
Rien ne peut te soustraire
A ma fureur.

MALCOLM.

L'heure a sonné pour la vengeance.

ETHELBERT.

Elle pourra tromper ton espérance.

ENSEMBLE GÉNÉRAL.

MALCOLM.

Marchez sur mes pas.
D'un peuple intrépide
Le sort se décide,
Compte, perfide,
Sur ton trépas.

GUERRIERS DES DEUX PARTIS.

Marchons sur leurs pas.
D'un peuple intrépide
Le sort se décide,
Compte, perfide,
Sur ton trépas.

(Chacun des partis désigne le chef ennemi.)

La Dame du Lac.   4

MALCOLM.	CHOEURS.
Oui ce cœur trop jaloux,	Oui son cœur trop jaloux,
Plein de son injure,	Plein de son injure,
Doit le sang du parjure	Doit le sang du parjure
A son juste courroux!	A son juste courroux!

(Ethelbert et Malcolm, l'épée à la main, sortent ensemble, en se menaçant. Éléna, qui veut encore les séparer, est repoussée par Malcolm. Les
guerriers des deux partis sortent en tumulte sur les pas de leurs chefs.)

FIN DU TROISIÈME ACTE.

ACTE QUATRIÈME.

On voit le camp du roi Jacques II ; à la droite du public,
sur le devant de la scène, la tente royale, fermée par des
rideaux : de l'autre côté, un arbre et un banc de gazon;
en perspective, et à perte de vue, un paysage agréable,
couvert des tentes du camp : deux sentinelles sont pla-
cées devant la tente du roi ; Mertown et Freemore
sont en scène au lever du rideau.

SCÈNE PREMIÈRE.

MERTOWN, FREEMORE.

FREEMORE.

Enfin la campagne est terminée : on dit que tous
les chefs écossais sont tombés en notre pouvoir?

MERTOWN.

Oui, Malcolm a perdu la bataille; mais notre
prince intrépide, l'ayant fait prisonnier, n'a pas voulu
devoir la victoire seulement au nombre de ses soldats; croiriez-vous qu'il a offert à ce chef de clan de
reprendre son épée, et l'a défié en combat singulier
devant les deux partis !

FREEMORE.

Eh bien !... qu'est-il arrivé ?

MERTOWN.

Malcolm s'est mesuré avec son hôte inconnu ; sans se douter qu'il luttait contre le roi d'Écosse, dont le bras valeureux est parvenu à le désarmer sans verser son sang.

FREEMORE.

Ah ! quel bonheur !... Sachez à votre tour, que pendant ce temps, le vieux Douglas, pensant sauver Malcolm, venait se remettre lui-même entre mes mains..

MERTOWN.

Vous connaissez les intentions secrètes du roi ?

FREEMORE.

Oui ; j'ai tout disposé pour les remplir... Retirons-nous : on amène déjà l'un des captifs.... c'est Malcolm.

(Ils sortent par la droite, après que Malcolm est entré.)

SCÈNE II.

MALCOLM conduit par des soldats, et plus tard FEMMES E MONTAGNARDS prisonniers, et ARTHUR.

AIR et CHOEUR.

MALCOLM.

Voici l'heure fatale où tout finit pour moi,
Je l'attends sans effroi.
Ah ! d'un guerrier vaincu c'est là toute l'envie,
Mort à la gloire il doit quitter la vie !

Mais à Douglas nulle main protectrice
N'offrira-t-elle un généreux secours?
Ah! que l'on double mon supplice,
Mais que l'on épargne ses jours!

(On entend le chœur dans l'éloignement.)

CHOEUR.

Douglas! Douglas! Douglas va mourir!

(Les écuyers de Malcolm suivis des prisonniers écossais.)

ARTHUR.

Hélas! son supplice s'apprête!

ROBERT.

O ciel, daigne le secourir!
O jour d'effroi
Amis, courons aux pieds du roi!

CHOEUR.

A sa clémence ayons recours!
Et s'il est magnanime,
De sa noble victime
Il sauvera les jours!

(Les prisonniers regardent Malcolm d'un air affligé en lui demandant par signe de les accompagner.)

MALCOLM, au désespoir.

Il va mourir, ô jour d'alarmes!
Ah! sur la honte de nos armes,
Noble Douglas, ne verse plus de larmes,
Ta fille devait nous trahir;
Ma défaite est un crime
Elle veut m'en punir,
Je deviens sa victime;
Ma défaite est un crime,
Et sa haine veut m'en punir.

(Pendant la fin de ce chant, quelques prisonniers rejoignent leurs compagnons, pour les avertir que le roi n'est pas de retour.)

CHŒUR.

Hélas ! plus d'espérance !
Le roi ne revient pas ;
D'un vieillard sans défense
Verrons-nous le trépas ?
Etc., etc., etc.

(Malcolm et le chœur reprennent les mêmes paroles.)

SCÈNE III.

MALCOLM, DOUGLAS conduit par des soldats qui restent au fond ; FREEMORE les commande ; les premiers s'éloignent à l'approche de Douglas, en donnant des marques d'intérêt pour le malheur de leurs chefs.

DOUGLAS.

Malcolm !

(Ils s'embrassent.)

MALCOLM.

Trop généreux vieillard, ton dévouement pour moi ne te sauvera pas ; la vie m'est d'ailleurs odieuse... Éléna...

DOUGLAS.

Ne prononce plus ce nom devant moi : je connais sa trahison : Grégor m'a tout dit. Cet hôte perfide accueilli dans nos murs était sans doute aimé secrètement par ma coupable fille.

MALCOLM.

Ah ! j'aurais payé de ma vie le bonheur d'en pouvoir douter, mais je l'ai vue moi-même recevoir un gage d'amour de la main de cet odieux inconnu !...

Regardez : la voici , elle a suivi jusque dans ces lieux les pas de son séducteur !

DOUGLAS.

Oserait-elle encore paraître à ma vue !

SCÈNE IV.

ÉLÉNA accourant par la gauche, MALCOLM, DOUGLAS, SOLDATS.

ÉLÉNA.

Ah ! mon père! ah ! Malcolm !... (*Elle va pour se jeter dans les bras de son père.*) Vous me repoussez.... Malcolm , tu détournes la vue....

(Elle veut saisir la main de Malcolm.)

MALCOLM.

Laissez-moi , laissez-moi!

ÉLÉNA.

Qu'entends-je ?

DOUGLAS.

Adieu, fille indigne : si la cruauté des vainqueurs eût épargné ma vie, l'opprobre dont tu couvres mes cheveux blancs me la rendrait odieuse.

ÉLÉNA.

Mon père ! quelle erreur vous abuse ! en quoi suis-je coupable ?

DOUGLAS.

Malheureuse !

MALCOLM, avec un sourire amer, en lui saisissant la main.

Quel est cet anneau qui brille à ton doigt ?

ÉLÉNA.

Ah ! qu'il m'est cher !... c'est le gage de mon bonheur ; ma dernière, mon unique espérance !

MALCOLM, à Douglas.

Vous l'entendez !

DOUGLAS.

Perfide ! tu l'oses avouer !... La fille de Douglas
liée aux destins de mes persécuteurs !

ÉLÉNA.

Écoutez-moi.....

(Elle se jette à ses pieds.)

DOUGLAS, la repoussant et se plaçant au milieu des gardes.

Ton père, au moment de mourir, te frappe de sa
malédiction. (*Entraînant Malcolm.*) Marchons au
supplice.

(Ils sortent suivis par quelques-uns des soldats.)

ÉLÉNA. Elle tombe à genoux poussant un cri.

Ah ! par pitié, mon père !....

(Elle veut les suivre et trouve le passage fermé par ceux des gardes qui
restent en sentinelle, avec Freemore.)

SCÈNE V.

ÉLÉNA, FREEMORE.

ÉLÉNA.

Horrible pensée ! ils vont mourir avec l'idée que
je les ai trahis !.... et ne pouvoir les suivre ! les désa-
buser, ou périr avec eux !... ah !

(Elle paraît suffoquée par la douleur.)

FREEMORE, *s'avançant vers elle.*

Jeune infortunée, calmez-vous ; l'arrêt prononcé par le conseil ne s'exécutera pas avant que le prince ne l'ait signé.

ÉLÉNA, *vivement.*

Au prix de ma vie, faites que je lui parle !

FREEMORE.

Restez près de la tente royale : dans peu d'instans vous l'y verrez paraître ; espérez tout de sa bonté : il a déjà fait grâce aux prisonniers;... il n'est inexorable que pour les chefs des rebelles.

ÉLÉNA.

Pour les chefs des rebelles? vous me faites frémir !

(Il sort.)

SCÈNE VI.

ÉLÉNA seule.

Quel trouble m'agite ! comment parlerai-je à ce vainqueur redoutable ! cet anneau, gage de pitié, présent mystérieux de cet homme qui exerce sur mon sort une influence si fatale !... s'il trompait mon espérance ! ah ! ce doute est affreux. (*Prélude de harpe du côté opposé à la tente.*) Qu'entends-je !.... (*La harpe fait entendre l'air qu'Éléna a chanté sur le lac.*) Quels accords ? quels souvenirs ils me rappellent !

ETHELBERT, *sans être vu.*

AIR.

Toi qui du lac tranquille,
Témoin de tes beaux jours,
Arrive en cet asile
Où brille le faste des cours
En ton âme que l'espérance
Se réveille à ma voix,
Songe que la clémence
Est la vertu des rois !

(Pendant ce chant, Éléna très-émue a paru éprouver quelques émotions
de crainte et d'espérance.)

ÉLÉNA.

C'est la voix de l'étranger : vient-il me rassurer ?...
Ah !... mon cœur a perdu toute confiance.

SCÈNE VII.

ÉTHELBERT, entrant par la gauche. ÉLÉNA. (Le Roi a
conservé le même costume de guerrier qu'il portait au
troisième acte.)

ETHELBERT.

Éléna, me reconnaissez-vous ?

ÉLÉNA.

Oui, je te reconnais ; ta présence est funeste à tout
ce qui m'est cher.

ETHELBERT, avec vivacité.

Au moins j'ai payé votre hospitalité par un don précieux ; Éléna, fiez-vous à ma parole : présentez au roi l'anneau que je vous ai remis ; je sais qu'il tient surtout à vaincre l'obstination aveugle de la Dame du Lac ; espérez donc....

ÉLÉNA.

Ah !... je crois son cœur son pitié !.. N'importe, j'irai !... Oui, le danger de mon père me détermine à descendre jusqu'à la prière devant le fléau de ma famille. (*Avec colère.*) Mais ma bouche ne prononcera rien que mon âme ne démente avec horreur.

ETHELBERT, offensé.

Avec de pareils sentimens, je ne puis vous conduire vers lui : je me reprocherais de lui voir si mal placer sa clémence... Au reste... le roi saura tout ce que vous pensez ; je vous en préviens.

ÉLÉNA.

C'est donc toi qui m'auras trahie !

ETHELBERT, avec reproche.

Eléna !...

ÉLÉNA.

Oui, je crois lire dans tes yeux : va donc, hôte perfide, vil favori d'un despote ; va faire récompenser ta délation nouvelle ; je périrai avec mon père, avec mon époux, et notre fin glorieuse ne sera pas déshonorée par une humiliation inutile. Reprends ton anneau, le voilà ; et puisse le roi d'Écosse n'avoir ja mais l'occasion d'être généreux, afin que la haine publique vienne l'accabler plus tôt.

ETHELBERT, à part, reprenant son anneau.

Certes, ce n'était pas ainsi que je m'attendais à le recevoir. (*Réprimant un mouvement d'émotion*). N'importe, ma parole est sacrée. (*Haut, à Éléna.*) Bientôt la Dame du Lac se repentira de son injuste prévention.

ÉLÉNA.

Jamais!

ETHELBERT, d'un ton pénétré.

Adieu donc, Éléna.

(Il sort par la droite, après avoir dit quelques mots en secret à Freemore qui est resté au fond à la tête des gardes.)

SCÈNE VIII.

ÉLÉNA, FREEMORE.

ÉLÉNA.

Il s'éloigne.... Je ne sais quelle terreur secrète m'avertit de la faute que je viens de commettre; qu'ai-je fait?... Peut-être avais-je un moyen de salut pour tout ce qui m'est cher; et mon orgueil l'a sacrifié!... Ah! malheureuse Éléna!

(Elle tombe assise sur le banc de gazon qui est en face de la tente et du côté opposé.)

SCÈNE IX et DERNIÈRE.

ÉLÉNA; Chefs et Soldats écossais; ANNA, ARTHUR;
Montagnards et Femmes prisonniers; MERTOWN, FREE-
MORE; et plus tard, LE ROI, Seigneurs de sa Cour;
ensuite MALCOLM, DOUGLAS et GRÉGOR.

CHŒUR DE GUERRIERS, DE SOLDATS, DE PRISONNIERS,
DE FEMMES ÉCOSSAISES, etc.

(Ils chantent en marchant).

Jeune héros, l'amour de tes sujets
Est le seul prix digne de tes bienfaits.
Tu finis nos alarmes,
Et ton peuple à jamais
Va devoir à tes armes
Les douceurs de la paix.
Etc.

(Pendant le chœur, Éléna est demeurée sur le banc accablée par la douleur.
A la fin du chœur, Freemore élève son épée, les rideaux de la tente s'ou-
vrent et laissent voir Jacques II sur son trône; il est dans le même costume, seulement il porte un casque couronné. Il est entouré de pages
et de grands officiers.)

ÉLÉNA, se levant avec effort.

Voici l'instant fatal, allons.... (*Elle s'avance en
chancelant les yeux baissés, et met un genou en terre.*)
Roi d'Écosse! tu la vois à tes pieds, cette fière
Dame du Lac, cette fille de Douglas!... elle offre
son sang pour l'auteur de ses jours!... (*Elle se lève et
continue avec fierté.*) Elle seule a soutenu, excité la
guerre; elle seule a soulevé les montagnards: que le
vainqueur venge les droits de son trône, je les ai

méconnus; mais, s'il est généreux,... que le roi d'E-
cosse se contente de ma vie !

LE ROI, d'un air significatif.

Le roi d'Écosse n'est pas généreux : n'est-ce pas
l'opinion de la Dame du Lac?

ÉLÉNA, regardant le Roi.

Quelle voix ! mes sens me trompent-ils ?... (*Avec
éclat.*) C'est encore l'étranger dont l'anneau précieux
devait nous sauver tous !... et je l'ai perdu !... Grands
dieux ! je me meurs !...

LE ROI, descendu de son trône, et la soutenant avec bonté.

Eléna, le voici !... j'oublie la manière dont vous
me l'aviez rendu... (*Avec noblesse.*) Je me souviens
seulement de la parole de clémence qui s'y trouve
attachée... Approchez, Malcolm, Douglas, Grégor.

(Les prisonniers approchent.)

ÉLÉNA, vivement.

Que vois-je? mon père !.. Ah ! prince !

(Elle s'incline aux pieds du roi qui la relève d'une main et tend l'autre à
Douglas.)

LE ROI, élevant l'anneau.

Reconnais-le, Douglas : il fut la cause futile de nos
longs malheurs; tu lui dois l'injuste ressentiment de
mon père, et ta disgrâce. (*A Malcolm.*) Il fut le sujet
de ta jalousie, de ton désespoir !... (*A tout le peuple.*)
Je veux qu'il soit aujourd'hui le gage de la paix et du
bonheur de l'Écosse. (*Il le place au doigt d'Éléna.*)
J'en fais l'anneau nuptial de Malcolm et d'Éléna !

CHŒUR FINAL.

Jeune héros, l'amour de tes sujets
Est le seul prix digne de tes bienfaits.
Tu finis nos alarmes,
Et ton peuple à jamais
Va devoir à tes armes
Les douceurs de la paix!

FIN.

VARIANTES.

A la place de ce chœur final, on a chanté à quelques
représentations la grande Cavatine qui termine la partition
italienne, avec les paroles suivantes :

(Éléna, une palme à la main *, s'incline aux pieds du roi qui se replace sur
son trône, après avoir rendu à Malcolm sa bannière.)

CAVATINE.

ÉLÉNA.

Doux moment, ô jour prospère,
Qui me rend mon amant et mon père!
Grand roi, ta bonté tutélaire
De nos malheurs saura bannir
Le souvenir.
Par ta valeur et ta clémence
Tu soumets nos cœurs satisfaits
Aux douces lois de la reconnaissance,
Et ses liens ne se brisent jamais.

* Elle la prend à l'une des femmes écossaises qui portent des fleurs et des cou-
ronnes.

LA DAME DU LAC,

Je vais revoir le lac tranquille.
Plus de guerre, et qu'en ce beau jour
L'écho de sa rive fertile
N'entende que nos chants d'amour.

Le barde que la gloire inspire
A ton nom ne frémira plus;
Sa main ne reprendra sa lyre
Que pour chanter ta gloire et tes vertus.

CHŒUR.

Bannissons la mémoire
Des maux qui ne sont plus;
Chantez sa gloire et ses vertus.

ÉLÉNA.

En tes mains le glaive terrible
Fut le sceptre d'un roi guerrier;
Pour gage d'un règne paisible
Tu l'as changé pour l'olivier.

CHŒUR.

Rien ne manque à ta victoire,
Et tu vois tes heureux sujets
Enchaînés par ta gloire,
Soumis par tes bienfaits!

FIN DES VARIANTES.